AF381501

GESTION DE PROJET

Les clés pour mener un projet avec succès

Par Nicolas Zinque

GESTION DE PROJET

- **Problématique ?** Comment préparer son projet et le mener à son terme avec réussite ?
- **Utilité ?** Réaliser avec succès des projets personnels et professionnels demande une grande rigueur, mais surtout une préparation en suivant des règles précises.
- **Contexte professionnel ?** Gestion de projet, management, développement professionnel, etc.
- **FAQ ?**
  - Le chef de projet a-t-il toujours les mêmes responsabilités ?
  - Combien de temps dois-je consacrer aux phases de préparation, de réalisation et de clôture ?
  - Que faire si les exigences financières ou les délais sont trop contraignants ?
  - Est-il possible de gérer plusieurs projets à la fois ?
  - Comment procéder si je remplace un chef de projet au pied levé ?
  - Comment déléguer le travail ?

Peut-être l'avez-vous désirée ou redoutée : quoi qu'il en soit, votre désignation en tant que chef de projet vient de tomber ! Avant toute chose, félicitations, vos compétences ont enfin été reconnues. Il vous faut à présent prouver que cette confiance est méritée.

Mais la gestion de projet ne se cantonne pas à un titre. Nous sommes tous régulièrement confrontés à cet exercice, que ce soit dans notre vie privée ou dans notre travail : organiser les vacances, repenser le jardin ou encore planifier le repas des fêtes. Dans votre carrière, vous avez sans doute déjà participé à des projets et vous pensez logiquement pouvoir vous appuyer sur cette expérience.

Néanmoins, être un chef de projet efficace en entreprise ou pour son propre compte est loin d'être simple : il s'agit d'un challenge qui, pour être passionnant et épanouissant, ne s'accompagne pas moins d'une forte pression. En tant que leader, vous serez à la fois responsable du planning, garant du respect des délais et du budget, et meneur d'hommes. Vous devrez pouvoir répondre du déroulement du projet face aux commanditaires et aux clients, et ce quel que soit le résultat… Par conséquent, autant que celui-ci soit positif.

Ce guide s'adresse à tous les aspirants chefs de projet, ainsi qu'à tous ceux qui cherchent à améliorer leurs compétences en la matière. Il peut également se révéler utile aux différents intervenants dans la réalisation d'un projet : si la responsabilité en incombe au chef de projet, son triomphe est celui de toute l'équipe. Dès lors, adoptez dès à présent les bons réflexes !

B.A.-BA DE LA GESTION DE PROJET PLANIFIÉE

LES PRINCIPES DE BASE

Qu'est-ce qu'un projet ?

La réponse peut paraître évidente… et pourtant ! Un projet est un ensemble d'activités (ou tâches) menées afin d'atteindre les objectifs fixés, dans le délai établi, au moyen de ressources humaines, matérielles et financières déterminées. Cette définition met ainsi en valeur les composantes de base d'un projet :

- un ou plusieurs objectif(s) précis et spécifique(s) à atteindre ;
- un calendrier à respecter ;
- des ressources qui incluent un budget, une équipe et des moyens techniques.

Elle insiste également sur son aspect éphémère, car même s'il peut s'étendre sur plusieurs mois, voire des années, il a toujours une durée déterminée et limitée.

Qu'est-ce que la gestion de projet ?

Les projets n'ont jamais été autant étudiés et analysés que ces dernières années. En effet, dans notre société où les entreprises sont en concurrence permanente, la gestion (ou management) de projet se doit d'être la plus exacte possible pour devenir leader du marché. Il s'agit presque d'une démarche scientifique, qui correspond à un ensemble d'outils et de méthodes visant à améliorer la qualité de votre projet, à optimiser sa réalisation et ses chances de succès. Concrètement, la gestion de projet vous permet :

- d'en planifier la réalisation et de le mener à son terme ;
- d'augmenter vos performances en étant plus efficace dans votre organisation et dans votre gestion des tâches ;
- d'évaluer, d'anticiper et surtout de surmonter les difficultés et les risques qui pourraient survenir ;
- de vous adapter aux changements et aux imprévus ;
- de gérer une équipe.

Le rôle du chef de projet

Le leader est à la fois le cœur et la tête du projet. Il ne se contente pas d'être l'architecte qui dessine les plans, il est également le maître de chantier qui dirige les travaux au quotidien et qui guide son équipe. Il ne lui suffit pas de donner des ordres, il doit transmettre la flamme pour que le groupe s'approprie à son tour le projet. Ses missions sont :

- mener l'objectif à son terme en respectant le cahier des charges ;
- former et gérer l'équipe ;
- assurer le suivi quotidien du projet et adapter les plans initiaux si nécessaire ;
- gérer les imprévus.

Pour mener ces tâches à bien, certaines qualités sont primordiales :

- assumer des responsabilités ;
- avoir le sens de l'initiative et savoir prendre des décisions difficiles ;
- savoir s'entourer des bonnes personnes ;
- arriver à gérer son équipe et la motiver ;
- être un bon communicateur ;

- être capable de gérer les situations de stress ;
- pouvoir anticiper.

Si vous n'êtes pas un leader né, vous pouvez toujours acquérir ces compétences sur le terrain :

> « Quand j'ai commencé ma carrière 20 ans plus tôt, j'étais incapable d'agir en leader et je n'arrivais pas à transmettre ma passion. Pire, mes subordonnés ne m'écoutaient pas. Un jour, un ami entraîneur de football m'a proposé de l'accompagner dans les vestiaires pendant un match, pour voir comment il menait ses joueurs. Je ne l'ai pas regretté ! Suivant son exemple, j'ai appris à m'affirmer, à choisir mes mots, à élever le ton quand nécessaire ou au contraire, à être conciliant ! » (Boris, gestionnaire de projets informatiques)

Les trois phases de la gestion de projet

Tout bon management de projet s'appuie sur trois étapes :

- **la phase de préparation** durant laquelle vous planifiez le déroulement de votre projet ;
- **la phase de réalisation** correspondant à la période où vous mettez votre plan à exécution ;

- **la phase de clôture** qui vous permet de dresser le bilan de votre projet une fois ce dernier achevé.

Il est vivement déconseillé d'entamer la réalisation d'un projet sans l'avoir bien préparé au préalable. Si cela semble tomber sous le sens, il n'est pourtant pas rare de voir des gens s'y lancer tête baissée, pensant qu'il s'agit d'un gain de temps. Ne vous fiez cependant pas à cette idée préconçue, car, certes, vous perdrez un peu de temps à l'élaboration de votre projet, mais cela vous permettra d'en gagner davantage à long terme.

LA PRÉPARATION

La phase de préparation est bien souvent snobée ou écourtée. Il s'agit pourtant là d'une erreur fatale qui vous conduira droit dans le mur. En effet, cette étape est cruciale puisqu'elle vous permet :

- de définir l'objectif du projet, en accord avec les besoins de l'entreprise ;
- d'établir le planning ;
- de mettre sur pied la structure et l'organisation du projet ;

- de définir le budget et le délai de livraison ;
- d'identifier tous les acteurs inhérents et former l'équipe.

Définir le besoin à l'origine du projet et son objectif

Quelle que soit la situation, que vous soyez l'initiateur du projet ou non, la première question à se poser est : « À quel besoin (au sein de l'entreprise) répond le projet ? » La qualité de ce dernier est déterminée par sa capacité à répondre à ce besoin.

CONSEIL

Il se peut que votre projet soit en concurrence avec d'autres réalisés en interne et que vous deviez vous partager les ressources. Dès lors, le projet prioritaire sera celui qui répondra le mieux au besoin de l'entreprise. Voilà pourquoi il est important de bien cerner le pourquoi de votre action.

Le besoin de l'entreprise détermine donc l'objectif du projet. Si celle-ci désire, par exemple, s'installer sur le marché des Smartphones, le projet pourrait être de produire un modèle dont le coût de production serait compris entre 90 et 100 € tout en disposant de certaines technologies. Un projet ne doit pas nécessairement être un produit, il peut également prendre la forme d'un service (la mise en scène d'un spectacle, l'amélioration du service après-vente, etc.). Un bon objectif répond à trois critères :

- il est précis ;
- il est réalisable ;
- il est mesurable (il doit pouvoir être validé par une évaluation).

CONSEIL

Si vous vous rendez compte, après analyse, que votre projet ne répond pas correctement – voire pas du tout – à une nécessité de votre entreprise, il est impératif de rectifier le tir dès le départ. Il vaut parfois mieux l'annuler plutôt que de risquer un fiasco.

Réaliser le cahier des charges

La gestion du projet vous est confiée officiellement par un ordre de mission. Pour formaliser
ce besoin et afin qu'il soit compris par l'ensemble
des acteurs impliqués dans le projet, il est nécessaire de réaliser un cahier des charges. Ce dernier,
que vous élaborerez en dialoguant avec les parties concernées (votre client et votre direction),
précise les spécifications du projet :

- l'objectif et la description des résultats
  attendus ;
- la manière dont ces objectifs seront évalués ;
- une estimation du budget et du délai ;
- les contraintes liées aux ressources ;
- un descriptif des démarches mises en place
  pour atteindre l'objectif.

Ce document décrit donc le projet dans les
grandes lignes et en fixe les limites. Il représente
sa fondation : vous en détaillerez le contenu
lors de votre préparation. Toutes les opérations
décrites ci-dessous visent à le concrétiser.

Lister et organiser les tâches à accomplir

Une fois le cahier des charges et l'ordre de mission validés par le client et par votre entreprise, votre première action est de répertorier toutes les tâches nécessaires à la réalisation du projet. Cette étape vous permet, entre autres, d'évaluer les délais et de définir les profils dont vous aurez besoin dans votre équipe. Il s'agit ici de détailler le plus possible votre projet, de le subdiviser en « livrables ».

LE SAVIEZ-VOUS ?

Un livrable représente un résultat mesurable intermédiaire (produit, document, etc.) marquant l'achèvement d'une partie du projet – voire du projet lui-même dans le cas du livrable final. Ainsi, le cahier des charges, les maquettes ou encore les rapports d'avancement constituent ces preuves de progression.

Pour décomposer votre projet, il existe deux méthodes :

- **du général au particulier**. Partez de votre objectif final et demandez-vous quels sont les principaux livrables à réaliser. Ensuite, décomposez ceux-ci de la même façon, en vous demandant quels intermédiaires sont nécessaires pour les réaliser, et ainsi de suite. Le processus s'achève lorsque vous ne pouvez plus les diviser et que vous pouvez estimer avec précision le temps et les ressources nécessaires à la réalisation de chaque livrable. Dans le cas d'un gros projet, il est impossible d'aller au bout de cette logique. Vous devrez alors déléguer une partie de ce travail à votre équipe, qui sera plus à même d'analyser certaines tâches et d'en évaluer la faisabilité ;
- **du particulier au général**. Réalisez un brainstorming pour définir toutes les tâches qui doivent être réalisées, sans vous soucier d'une quelconque hiérarchie. Regroupez-les ensuite en catégories bien définies.

Rien qu'en listant les tâches, vous commencez déjà à les catégoriser et à les hiérarchiser. Formaliser ce classement sous forme d'un organigramme technique de projet (OTP) représente l'étape suivante. Imaginons que vous organisiez une journée de concerts sur votre campus, vous pourriez répertorier les tâches avec l'organigramme suivant, qui les regroupe (de manière non exhaustive) en différents pans organisationnels :

Organiser ses tâches

Lorsque vous établirez l'organigramme final, vous détaillerez sans doute davantage les ressources dont vous aurez besoin (Quel matériel son ? Quel matériel image ?). Vous pourrez également définir d'autres catégories, notamment liées au budget, aux horaires, etc. Veillez bien à ce que toutes les tâches soient répertoriées. Cette façon de prévoir et d'organiser chaque étape du projet s'appelle la règle des 100 %. Celle-ci provient de la *Work Breakdown Structure*, une méthode d'organisation de projet mise au point par le département américain de la Défense vers la fin des années cinquante. Pour la résumer simplement, cette règle signifie que votre décomposition et votre organigramme doivent contenir l'intégralité du travail à effectuer, ni plus (il y aurait alors redondance de certaines tâches) ni moins (toutes les tâches ne seraient pas listées).

Si, dans notre premier exemple, nous avons hiérarchisé le projet suivant les différentes composantes de l'organisation de ce type d'événement, il est également possible de regrouper vos activités par départements (d'entreprise), par types de coûts ou encore par étapes chronologiques du projet (comme ci-dessous), en fonction de votre objectif final.

Organigrammes par étapes

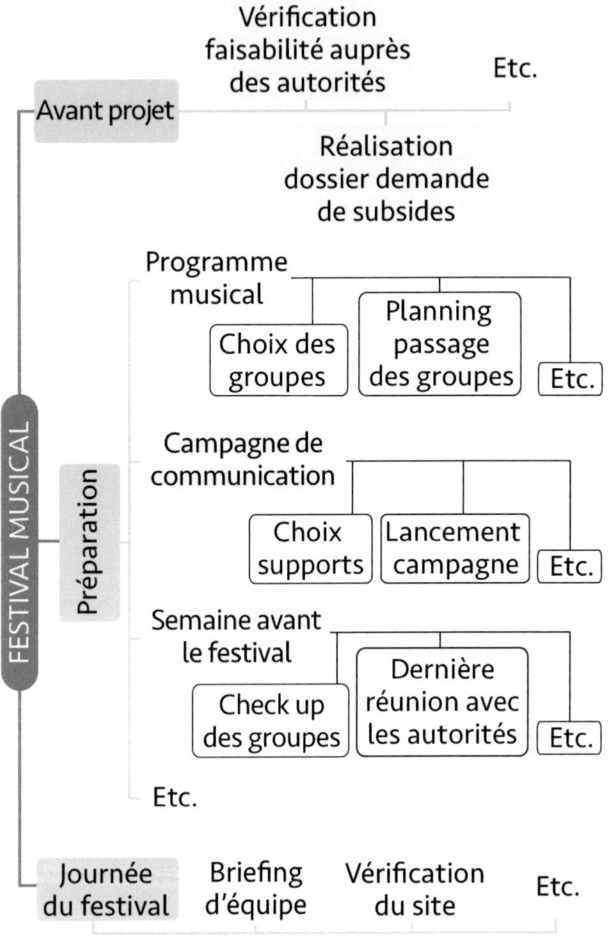

Comme l'organigramme est visuel, il peut vite prendre beaucoup de place. C'est pourquoi il est parfois plus aisé d'avoir recours à une simple liste écrite. N'oubliez cependant pas de donner un numéro de code à chaque tâche afin de vous repérer plus facilement.

1. Sécurité
- Autorisation des pompiers et de la police
- Autorisation de la ville
- Présence de la Croix-Rouge
  - Sous-catégorie éventuelle
  - Sous-sous-catégorie éventuelle

2. Équipe & bénévolat
- Planning des bénévolats
- Vêtements distinctifs pour l'équipe
- Etc.

3. Etc.

Analyser les ressources de son projet

Au moment où vous abordez la planification du projet, évaluer les ressources à votre disposition ainsi que les contraintes qui pèsent sur vous s'avère une étape fondamentale. Après avoir réalisé votre (ou vos) organigramme(s) des tâches, demandez-vous pour chacune d'elles :

- De quel profil et de quelles compétences ai-je besoin pour l'accomplir ?
- De quel matériel ai-je besoin ?
- Combien de temps devrai-je y consacrer ?

Ces questions vous permettront d'évaluer le nombre de personnes nécessaires, de trouver les collaborateurs compétents et d'estimer la durée de leur intervention dans votre projet, ainsi que de vous faire une idée de l'équipement dont vous aurez besoin.

Identifier et contrer les risques

Un projet comporte toujours des risques, liés à la possibilité qu'un événement ou qu'un élément interfère dans son bon déroulement. Il s'agit donc de les anticiper afin de pouvoir réagir rapidement s'ils devaient se concrétiser.

Imaginons que vous planifiiez une excursion en mer, mais que la météo annonce un risque de 15 % de pluie : organisez-vous un plan B ou comptez-vous plutôt sur votre bonne étoile ? Il se peut que vous ne soyez pas toujours chanceux. Dès lors, demandez-vous à l'avance ce qui pourrait mal tourner puis listez pour chaque tâche les obstacles les plus susceptibles de s'élever. Décrivez également l'impact potentiel de ces problèmes sur le projet (simple retard, dépassement de budget, annulation complète ?) et prévoyez une solution de rechange pour les plus graves.

En effet, comme vous ne pourrez pas vous prémunir contre tous les risques, il est primordial de les classer suivant leur probabilité de se produire et leur degré d'impact sur votre projet. Pensez à évaluer les probabilités sur base de votre expérience personnelle et/ou en consultant des experts. Lorsque c'est possible, n'hésitez pas à vous appuyer sur des faits et des chiffres. Ainsi, pour un risque ayant 2 % de chance de se concrétiser et un faible impact, il n'est peut-être pas rentable d'investir du temps et de l'argent pour le contrer. À l'inverse, un problème critique fortement susceptible de survenir doit être étudié attentivement. Le choix peut s'avérer plus délicat lorsqu'on fait face à des extrêmes, comme un gros impact éventuel mais ayant une faible probabilité d'apparaître, ou une forte potentialité de développement mais n'engendrant *a priori* qu'un faible impact.

Pour préparer un plan de gestion de crise, consignez dans un tableau les risques et, pour chacun d'eux, imaginez une ou plusieurs solutions de secours, tout en évaluant leur coût (financier, humain et temporel). Il va de soi que si les risques sont trop élevés et impossibles à atténuer, vous devrez peut-être revoir l'ensemble de votre projet.

PETIT PLUS

Si vous ne pouvez supprimer ou atténuer le risque, vous pouvez toujours souscrire à une assurance qui le prendra en charge.

Planifier le projet

Lorsque vous établissez votre calendrier, vous souhaitez bien entendu atteindre votre objectif le plus rapidement possible… tout en minimisant les risques. Cependant, ne brûlez pas les étapes. Avant d'établir le planning global, vous devez :

- déterminer la durée de chaque tâche ;
- observer la manière dont elles interagissent entre elles ;
- décider de l'ordre dans lequel elles seront accomplies.

Pour estimer le temps d'une tâche, décrivez-la précisément et repérez les facteurs qui peuvent l'influencer. Si vous avez besoin, par exemple, d'une machine pour la réaliser, celle-ci a sans doute une certaine capacité de production et n'est peut-être pas disponible à tout moment. De plus, si une partie des tâches peuvent être exécutées simultanément, d'autres sont conditionnées par la réalisation d'actions. Vous devez bien comprendre comment elles interagissent en vue d'optimiser leur agencement.

Pour visualiser aux mieux l'ordre de vos activités et les liens entre elles, vous pouvez vous aider d'un diagramme en réseau. Imaginons par exemple que vous souhaitiez organiser un séminaire pour le personnel de votre entreprise. Une fois l'idée approuvée par votre direction, il vous faut effectuer les préparatifs de l'événement :

- effectuer des contacts préliminaires pour vous assurer des disponibilités de chacun ;
- contacter les intervenants potentiels pour vérifier qu'ils sont disponibles également ;
- sélectionner une date (en fonction des résultats des deux premières tâches) ;
- réserver la salle (dans notre exemple, vous disposez de la salle nécessaire au sein de vos bâtiments) ;
- préparer l'organisation de la journée en :
  - définissant le contenu exact avec l'intervenant ;
  - détaillant le planning de la journée ;
  - prévoyant les éventuels repas ;
  - commandant le matériel nécessaire ;
- envoyer les invitations officielles auprès des personnes concernées ;
- aménager la salle (dans notre exemple, il vous

est possible de le faire plusieurs jours avant le jour J puisqu'elle se situe au sein même de l'entreprise).

Ci-dessous, l'exemple est repris sous forme de diagramme en réseau. Bien sûr, si vous devez organiser un séminaire pour votre propre entreprise, les délais peuvent varier en fonction des contraintes (dans notre cas, le chef de projet estime qu'il a besoin d'une semaine pour que l'ensemble de son personnel lui réponde quant à leurs disponibilités), de même que les tâches potentielles et leur agencement. Ici, le chef de projet a la chance de disposer d'un assistant qui l'aidera à accomplir certaines actions ne pouvant pas être menées de front.

Diagramme en réseau

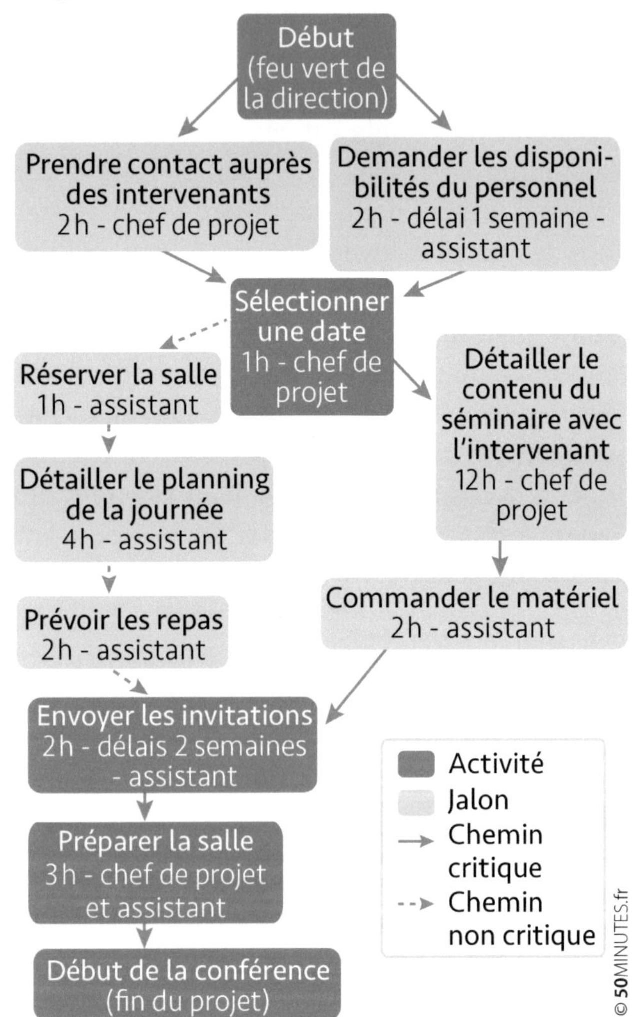

Ce schéma met en évidence plusieurs aspects importants de la planification d'un projet :

- certaines tâches sont conditionnées par la réalisation d'autres. Ainsi, tant que vous n'avez pas reçu les disponibilités de chacun, il vous est impossible de réserver une salle (au mieux, vous pouvez mettre une option dessus) ;
- d'autres tâches peuvent et doivent être réalisées en parallèle. En s'appuyant sur son assistant, le chef de projet peut lui déléguer la planification de la journée et des commandes pendant qu'il se concentre sur le contenu à élaborer avec l'intervenant ;
- le chemin critique, c'est-à-dire la séquence d'activités la plus longue à réaliser entre le début et la fin du projet, qui marque la durée minimale de votre projet, est essentiel à identifier. Il suit donc les tâches dites critiques : tout retard pris sur celles-ci impactera nécessairement les délais. Dans notre cas, nous ne pouvons descendre sous les 22 heures (si l'on ne compte que la durée des tâches elles-mêmes) et sous les trois semaines (si l'on tient compte des délais obligatoires : l'invitation officielle doit par exemple être envoyée deux

semaines avant l'événement) ;

- la marge dont disposent certaines activités, qui renvoie à la durée dont on peut décaler leur date de fin sans retarder la date de début de la tâche suivante ou la date de fin du projet. Le chef de projet aura par exemple besoin de 12 heures de travail sur le contenu du séminaire tandis que 7 heures suffiront à l'assistant (planning de la journée et commande des repas). Ce dernier dispose donc d'une marge de 5 heures ;
- les jalons sont des événements qui n'ont pas forcément de durée en eux-mêmes (bien que ce soit le cas pour l'un d'entre eux dans notre exemple). Ils marquent la fin d'étapes importantes de votre projet.

Pour achever la planification, vous devez fixer des échéances, c'est-à-dire les dates de début et de fin de chaque activité. Pour ce faire, vous pouvez vous aider d'un diagramme de Gantt, qui répertorie les activités, leur durée, leur marge et leur agencement.

Diagramme de Gantt

Projet : organiser un séminaire					
Tâches	Semaine 1	Semaine 2	Semaine 3	Semaine 4	Jour J
Demander les disponibilités du personnel	2h				
Prendre contact auprès des intervenants	2h				
Sélectionner une date		1h			
Réserver la salle		1h			
Détailler le contenu du séminaire avec l'intervenant		12h			
Détailler planning de la journée		4h			
Prévoir repas		2h			
Commander matériel		2h			
Envoyer les invitations		2h			
Préparer la salle				3h	

Former une équipe de choc

Grâce à l'organigramme des tâches réalisé en amont, vous avez pu déterminer les compétences nécessaires à la concrétisation de votre projet. Pour la formation de l'équipe, il existe deux cas de figure : soit vous êtes libres de recruter qui vous souhaitez, soit vous devez composer avec les personnes que vous avez à disposition.

Le premier cas est idéal, car il vous permet de dénicher les bons profils et les personnes motivées, alors que le second peut vous amener à travailler avec des individus n'ayant aucun intérêt pour le projet. Dans la réalité, vous vous situerez sans doute entre ces deux situations.

Quoi qu'il en soit, prenez le temps de rencontrer les membres de votre future équipe et d'en discuter avec eux. Vérifiez leurs compétences et leur motivation, afin de voir si elles s'accordent avec votre projet. Si vous êtes satisfait, interrogez-les sur leur disponibilité : seront-ils à temps plein sur votre projet ou partageront-ils leur temps de travail avec d'autres missions ? À partir de quelle date et jusqu'à quand sont-ils disponibles ?

Il est essentiel d'identifier dès le départ les différentes personnes ayant un rôle à jouer. Au-delà du concepteur et du commanditaire du projet, repérez toutes les parties prenantes, aussi bien positives que négatives, en interne ou en externe : le client, les fournisseurs éventuels, les partenaires, etc. Assurez-vous régulièrement qu'ils vous soutiennent et sont informés de l'avancement du planning.

Budgétiser son projet

Établir son budget revient à estimer tous les coûts nécessaires pour chaque activité et à les additionner. Bien entendu, vous penserez d'emblée aux coûts directs comme :

- le salaire des employés ;
- les frais (de transport, de logement, de location, etc.) ;
- l'achat du matériel (matière première pour la confection des composants, technologie, etc.).

Mais si vous souhaitez estimer le montant réel de votre projet, veillez également à tenir compte de certains coûts indirects tels que :

- l'usure du matériel que vous utilisez au sein de votre entreprise (les ordinateurs) ;
- les frais de chauffage, d'électricité, etc.

Cependant, ces frais ne doivent pas toujours être considérés, en général parce qu'ils ne sont pas spécifiques à votre projet : votre entreprise possède sûrement déjà les ordinateurs sur lesquels vous travaillez. Prenez contact avec le service financier de votre société pour savoir si ces coûts doivent apparaître dans votre budget.

LA RÉALISATION

Le suivi du plan

Si vous avez correctement préparé votre projet, votre priorité est désormais de vous assurer que tout se déroule comme prévu. Pour cela, évaluez périodiquement votre projet en recourant à :

- des réunions d'évaluation régulières (toutes les deux semaines maximum) pour faire le point ;
- des rapports rédigés par les membres de votre

équipe ;
• votre cahier de bord personnel.

Petit plus

Demandez aux membres de votre équipe de tenir eux aussi un cahier de bord commun dans lequel ils consigneront les actions effectuées, les dates et les heures prestées. Ce document sera très utile pour le suivi régulier et l'évaluation finale.

En complément, réalisez pour vous-même un rapide point toutes les semaines en vous posant quelques questions clés, puis rectifiez le tir en fonction de vos réponses.

• Les différentes activités prévues sont-elles accomplies ?
• Le budget est-il respecté ?
• Êtes-vous dans les temps, en avance ou en retard sur votre planning ?
• Qu'en est-il des risques que vous craigniez ?

Assurez-vous que chacun connaisse les tenants et les aboutissants de sa tâche en cours, et que celle-ci soit effectuée selon le plan prévu. Soyez particulièrement attentif lorsque la fin (prévue) d'une activité approche et redoublez de vigilance concernant votre chemin critique : souvenez-vous que tout retard sur celui-ci retarde inévitablement l'ensemble du projet !

Après cette analyse, soit tout se passe comme prévu – dans ce cas, continuez ainsi –, soit vous observez des embardées, voire des accidents, auquel cas il s'agit de remettre le projet sur la bonne route.

- Localisez le problème : Qu'est-ce qui a provoqué le dépassement du budget ou du délai ? Qu'est-ce qui vous a obligé à abandonner ou à remplacer une tâche ?
- Prenez des mesures correctrices : dans l'immédiat, votre but est de ne pas pénaliser davantage votre projet. Toutefois, vous ne pourrez pas toujours réparer les dégâts. En effet, si votre fournisseur a pris du retard sur la livraison des pièces nécessaires et que cela figure sur votre chemin critique, vous ne pouvez malheureusement rien y faire.
- Veillez à ce que cela ne se reproduise plus, en agissant suivant la nature du problème. S'il est

ponctuel (oubli, erreur d'inattention, etc.), essayez de comprendre pourquoi il s'est produit (problème technique ou erreur humaine) et prenez les mesures nécessaires (contactez la personne concernée, changez le matériel, etc.). S'il est chronique (un problème dans le processus), prenez le temps d'analyser et d'imaginer une solution durable avec votre équipe.

Attention, si vous souhaitez apporter une correction ou une modification au projet, avertissez tous vos collaborateurs et surtout, consultez-les au préalable afin qu'ils continuent de se sentir impliqués !

La gestion de l'équipe

La gestion de votre équipe est primordiale pour la réussite du projet. En effet, une mauvaise entente ou une mauvaise coordination au sein de celle-ci peut mettre en danger la réalisation des différentes tâches. Dès lors, veillez à :

- guider votre équipe vers l'aboutissement du projet. Tel le capitaine d'un navire, vous gardez le cap contre vents et marées. En cas de tempête, votre équipage doit pouvoir compter sur vous ;

- instaurer et maintenir une ambiance de travail adéquate. Vous pouvez minimiser les risques de tension au sein de l'équipe en pratiquant le team building (en parallèle avec les réunions de travail, organisez une ou plusieurs petites activités pour que vos collaborateurs apprennent à se connaître et à fonctionner ensemble) et en vous assurant que les rôles et les responsabilités de chacun sont clairement définis et connus de tous ;

> « J'ai travaillé sur un gros projet culturel, qui consistait en la réalisation de mises en scène en extérieur. Dans ce projet, les fonctions et les tâches de chacun n'étaient pas précisément définies. Par exemple, j'étais en charge de la logistique générale, mais je devais régulièrement chercher certains éléments de la décoration (c'est en principe le rôle de la décoratrice en chef). Un samedi soir, nous avons découvert que nous n'avions pas les estrades nécessaires à la scène du lendemain matin. La décoratrice et moi-même pensions que l'autre s'en était occupé... » (Louis, régisseur de projet)

- définir les « règles de vie » de votre équipe. Comment fonctionnera-t-elle au quotidien ? Comment se dérouleront les réunions ?

Définissez un cadre et, si possible, incluez votre équipe dans la mise en place des procédures ;

> « Durant mes études, j'ai participé à l'organisation d'un festival de films documentaires avec d'autres jeunes. Une personne nous encadrait et nous a proposé de rédiger ensemble une charte. Celle-ci récapitulait nos engagements et définissait la manière de se comporter en réunion. Nous impliquer dans sa rédaction nous a permis de la respecter davantage qu'un règlement imposé par un tiers. » (Pierre, responsable d'événements)

- leur faire confiance et les encourager à se fier à vous ;
- maintenir leur motivation. Le refrain est connu : les premières semaines, vous vous sentez capable de soulever des montagnes, puis, même si la passion subsiste, la routine s'installe et l'intensité diminue.

Petit plus

Pour garder intact l'enthousiasme de votre équipe :

- insistez régulièrement sur les aspects positifs du projet à la fois pour l'entreprise et pour le groupe ;
- communiquez régulièrement à l'équipe l'état d'avancement du projet. On est toujours plus motivé quand on voit les résultats concrets de nos actions ;
- impliquez-la en lui demandant son avis à propos des risques, des idées, des solutions, etc. ;
- récompensez les collaborateurs à chaque atteinte d'un objectif.

Un outil essentiel : la communication

S'il est évident que vous devez toujours avoir une idée claire de la situation, il doit en être de même pour votre équipe. Il est donc nécessaire d'instaurer un système de communication efficace au sein du groupe ainsi qu'une mise à disposition de la documentation (rapports, etc.) permettant à chaque partie prenante de connaître l'état d'avancement du projet.

La manière dont vous communiquez dépend avant tout du but de la transmission et du destinataire. Ces deux aspects déterminent le choix du support et le type d'informations émises ainsi que leur confidentialité : si un fournisseur doit être tenu au courant de la moindre modification impactant son travail, il n'a pas besoin de connaître vos problèmes internes. Choisissez votre support de communication en fonction de la situation :

- **les réunions** permettent de rassembler toutes les personnes concernées et de discuter ensemble autour d'une table (qui peut être virtuelle, en ce qui concerne les visioconférences). Ne négligez pas le compte-rendu écrit de la réunion, qui permet d'officialiser ce qui a été dit ou décidé ;
- **les e-mails** sont, aujourd'hui, les supports les plus utilisés, grâce à la transmission et à la réception instantanée de messages. De plus, ils laissent une trace écrite et peuvent être gérés efficacement à l'aide des boîtes e-mails ;
- **les rapports** servent à confirmer des informations et à faire le point sur une situation précise. Leur inconvénient majeur est qu'ils sont unilatéraux. En effet, la communication circule du rapporteur au lecteur, sans que ce

dernier ne puisse intervenir. C'est pourquoi il est utile de l'accompagner d'une explication verbale (réunion, discussion, etc.) ;

- **les discussions informelles** sont des échanges d'informations spontanés (téléphone, autour de la machine à café, etc.). Vous devez faire attention de toujours confirmer officiellement et par écrit les informations importantes transmises par ce biais (par e-mail notamment).

« Pour revenir au projet de réalisation de mises en scène en extérieur, nombre des informations et des modifications étaient fournies lors de réunions informelles à laquelle tous les chefs n'étaient pas présents. De plus, ce qui avait été dit ne figurait pas toujours sur la documentation en ligne et le chef de projet ne s'assurait pas que l'information était bien reçue. Dès lors, il arrivait qu'un sous-chef n'apprenne des modifications importantes que tardivement. » (Suite du témoignage de Louis)

Au moment où vous opérez votre choix de communication, soupesez les avantages et les inconvénients des biais oral et écrit. Parler de vive voix vous permet de vous assurer immédiatement que le message est bien passé, à l'inverse d'un support écrit. Toutefois, comme l'affirmait Caius

Titus (écrivain romain, 14-66) lors d'un discours au Sénat : « Les paroles s'envolent, les écrits restent. » Gardez donc toujours une trace écrite des discussions informelles et des réunions.

LA CLÔTURE

La livraison

Le projet se termine lorsque le livrable final est enfin remis au client, en accord avec le cahier des charges fixé. Veillez d'ailleurs à recevoir une confirmation écrite et officielle de cette livraison. De votre côté, il vous reste encore à achever la partie administrative (compte-rendu, etc.) et à clore le budget. Ces deux aspects marqueront la fin officielle du projet. Une fois le projet achevé, on est souvent tenté de sabrer le champagne sans s'attarder sur le côté le plus fastidieux : les analyses et les évaluations finales. Pourtant, vous y gagnerez pour vos prochains challenges !

L'évaluation finale

Le but de cette phase est de dresser le bilan de l'ensemble du projet. Pour le réaliser, basez-vous sur tous vos documents :

- ceux de la phase préparatoire (planning, échéancier, etc.), qui vous permettront de comparer le résultat final par rapport aux attentes de base ;
- ceux de la phase exécutoire (votre carnet de bord, les évaluations régulières, les rapports, etc.), qui vous aideront à comprendre pourquoi le projet s'est bien déroulé… ou pas ;
- le feed-back du client.

À partir de ces preuves écrites, posez-vous les questions suivantes :

- Tous les objectifs ont-ils été atteints ?
- Le planning a-t-il été respecté ?
- Le budget est-il resté sous contrôle ?
- Comment ai-je conduit mon équipe ?
- Comment les imprévus et problèmes ont-ils été gérés ?

Menez votre analyse puis organisez des réunions (les dernières) afin d'en discuter.

- Rencontrez votre client pour échanger sur sa satisfaction. Demandez-lui également un feed-back écrit.
- Organisez une réunion avec votre équipe pour

faire le point et clore le projet.

• Rendez compte de votre analyse à votre direction.

Comme tout au long du projet, veillez à faire valider vos conclusions par toutes les parties concernées.

Laissez à votre équipe le temps de souffler avant l'évaluation… mais pas plus de deux semaines ! Au-delà, elle risque de passer à autre chose et oubliera de nombreuses informations utiles pour vous.

Pour conclure en beauté…

Organisez un moment festif pour remercier votre équipe et achever l'aventure sur une note positive. N'oubliez pas d'inviter également les personnes qui n'ont été présentes que ponctuellement. Prévoyez un autre moyen de remerciement si une fête n'est pas possible ou si certains ne peuvent s'y rendre. Inutile de chercher la complication : un e-mail peut suffire, mais mettez-y du cœur et consacrez-y le temps nécessaire. Votre équipe mérite bien que vous lui dédiiez entièrement quelques instants !

TOP CONSEILS

- **Gardez toujours l'objectif final en vue.** Cela peut paraître évident, mais au milieu d'un projet qui dure plusieurs mois, qui implique des dizaines de personnes et d'innombrables sous-objectifs, il n'est pas rare de s'égarer. De plus, n'oubliez jamais que le client est roi : si les commanditaires souhaitent apporter des modifications au projet, il est de votre devoir de les écouter !
- **Prenez le temps de décomposer.** Si vous faites face à une situation ou à un problème complexe, gardez la tête froide et essayez d'y voir plus clair. Pour cela, décomposez la situation ou le problème et réglez les différentes parties les unes après les autres.
- **Inutile de réinventer la roue pour chaque projet.** Inspirez-vous de vos expériences précédentes et de celles des autres. Consultez collègues et experts et prenez bonne note de leurs conseils. Attention, cela ne signifie pas que vous pouvez vous passer de la phase de préparation. « Je l'ai déjà fait une fois, donc je

connais » est la pire erreur que vous puissiez commettre !

- **Anticipez !** Garder une longueur d'avance est la marque des grands chefs de projet. S'il vous est impossible d'échapper aux imprévus, vous pouvez en revanche anticiper les problèmes et préparer des alternatives. Si vous n'avez pu les devancer, réglez les difficultés dès qu'elles se présentent et surtout, identifiez-en la cause afin qu'elles ne se reproduisent plus.

- **Tout est affaire de communication.** Un projet minutieusement préparé peut s'écrouler si un changement n'a pas été communiqué à la personne adéquate. Mémorisez cette règle d'or : toute modification doit faire l'objet d'une consultation auprès des personnes concernées. Pour des changements importants, l'aval du client est naturellement requis.

- **Soyez au fait à tout moment de l'état d'avancement de votre projet,** des activités déjà effectuées, de ce qu'il reste à faire et de l'état du budget. Pour cela, faites le bilan chaque semaine et prenez note des éléments qui posent problème : votre première mission la semaine suivante sera de les résoudre !

- **Maîtrisez les outils du gestionnaire de projet.** Sur les projets professionnels en entreprise, vous utiliserez forcément un logiciel de gestion de projet, tel Microsoft Project. Apprenez à le maîtriser sur le bout des doigts, car il vous fera gagner un temps précieux. Même pour un projet de petite envergure, n'hésitez pas à franchir le pas.

Petit plus

Il existe de nombreux logiciels de gestion de projet. Votre choix devra être guidé par les fonctionnalités dont vous avez besoin, par la taille de votre entreprise, par votre fréquence d'utilisation et par votre budget. Comme dans tout type de software, il existe en effet des licences propriétaires et des produits gratuits. Au moment de choisir votre logiciel, ayez également à l'esprit ses futurs utilisateurs (vos employés) : inutile d'opter pour une machine de guerre si ces derniers ne savent pas s'en servir !

- AtTask (licence propriétaire) est l'un des softwares les plus complets. Il est généralement destiné aux grandes entreprises.
- Basecamp (licence propriétaire) est un

logiciel simple et très populaire. Il est notamment possible de dialoguer avec les différentes personnes impliquées dans le projet.

- Collabtive (open source) est une alternative gratuite à Basecamp. Il s'adresse plutôt aux PME.
- Ganttproject (open source) est un programme basique qui permet de gérer ses projets sur base de diagramme de Gantt. Il est simple d'utilisation, mais assez limité.
- Trello est un logiciel récent, qui commence à beaucoup faire parler de lui. Les projets sont organisés en planches listant des cartes, chacune représentant une tâche. Il existe en version gratuite et payante.
- Wrike est un logiciel très puissant, qui est devenu l'un de leaders du marché. Il propose aux utilisateurs de gérer et de suivre entre autres les projets, les délais et les horaires. Il existe en version gratuite et payante.

- Organisez une « réunion d'entre-deux » pour passer de la phase de préparation à la phase de réalisation. Vous y récapitulerez tout le déroulement du projet et vous vous assurerez qu'il est clair pour tout le monde.

- Déléguez. Le responsable d'un projet a le rôle d'un chef d'orchestre. Faites confiance à vos collaborateurs et impliquez-les au maximum dans le projet, cela renforcera leur motivation et leur efficacité. De plus, vous ne pouvez être présent sur tous les fronts, au risque de commettre des erreurs.

FAQ

LE CHEF DE PROJET A-T-IL TOUJOURS LES MÊMES RESPONSABILITÉS ?

Non, le rôle du chef de projet peut varier d'un cas à l'autre et selon les entreprises. Avant de vous lancer dans un projet, il convient de définir précisément votre ordre de mission et de le mettre par écrit afin d'éviter toute ambiguïté. Soyez particulièrement attentif à vos responsabilités concernant :

- les objectifs à atteindre ;
- la confection du budget ;
- la gestion du planning ;
- les libertés que vous aurez dans le recrutement de votre équipe (interne-externe à l'entreprise ou mixte) ;
- les limites de votre pouvoir, c'est-à-dire de qui vous dépendrez.

COMBIEN DE TEMPS DOIS-JE CONSACRER AUX PHASES DE PRÉPARATION, DE RÉALISATION ET DE CLÔTURE ?

Comptez 2/3 pour la phase de réalisation et 1/3 pour les phases de préparation et de clôture. Un tiers peut sembler beaucoup, mais n'oubliez pas que les journées que vous consacrez à ces deux phases, notamment la partie préliminaire, sont des investissements à long terme !

QUE FAIRE SI LES EXIGENCES FINANCIÈRES OU LES DÉLAIS SONT TROP CONTRAIGNANTS ?

Tout projet peut être résumé en un triangle, dont les trois extrémités sont le coût, le délai et la qualité. Au paradis des chefs de projet, vous auriez carte blanche concernant le budget et le délai afin d'obtenir la meilleure qualité.

Dans la réalité, vous ferez face à des contraintes et vous devrez privilégier une ou deux pointes du triangle. Imaginons que l'on vous impose un budget trop serré. Après avoir cherché toutes les solutions possibles, il se peut que vous n'ayez d'autre choix que de réduire la taille de votre équipe (ce qui allongera le délai de livraison). Si vous ne pouvez pas dépasser une certaine date, vous devrez vous résoudre à revoir vos objectifs à la baisse. Si vous vous trouvez dans ce type de schéma, informez vos supérieurs de la situation, plaidez pour la solution qui vous paraît la plus juste et acceptez la décision finale. Si vous estimez que le projet ne tient pas la route, vous pouvez également décliner le job ; un choix tout aussi difficile.

EST-IL POSSIBLE DE GÉRER PLUSIEURS PROJETS À LA FOIS ?

En théorie, il vaut mieux se consacrer à un projet à la fois, mais la pratique est bien souvent différente. D'abord, vous n'avez pas nécessairement le choix : vous devez peut-être jongler entre plusieurs projets pour des raisons budgétaires, d'organisation, etc. Ensuite, certains projets s'étendent sur de longues durées et peuvent présenter des phases plus calmes, durant lesquelles vous avez du temps libre. Quoi qu'il en soit, le plus important si vous gérez plusieurs projets est de définir les priorités entre et au sein de ceux-ci.

COMMENT PROCÉDER SI JE REMPLACE UN CHEF DE PROJET AU PIED LEVÉ ?

Il peut arriver que vous soyez sollicité en urgence pour un remplacement. En principe, un plan de secours est prévu pour pallier ce problème : le successeur est habituellement soit un assistant de l'ancien chef de projet, soit une « pointure », quelqu'un d'expérimenté qui a dirigé d'autres gros projets.

Si vous n'aviez aucune affiliation avec le projet, vous devrez naturellement consulter tous les documents disponibles, à commencer par ceux de la phase de préparation. Vous devrez ensuite organiser une réunion d'envergure avec tous les sous-chefs (voire tous les membres de l'équipe) pour vous présenter, définir les éventuelles nouvelles procédures et, surtout, pour écouter le rapport de chaque département.

COMMENT DÉLÉGUER LE TRAVAIL ?

Être un bon chef de projet, c'est savoir confier certaines tâches à vos collaborateurs pour pouvoir vous concentrer sur l'essentiel. Pour bien déléguer, définissez clairement les pouvoirs que vous conférez (L'autorisez-vous à valider des commandes ? Si oui, jusqu'à quel budget ?) et soyez clair dans la définition de la mission ainsi que dans les échéances à respecter. Enfin, responsabilisez la personne à qui vous déléguez : expliquez-lui que vous lui faites confiance, mais que vous attendez, en retour, un engagement total de sa part. Communiquez régulièrement avec elle pour vous assurer que tout se déroule bien.

À VOUS DE JOUER !

Avant d'entamer la phase de réalisation du projet, assurez-vous que tous les points suivants sont acquis.

Check-list pour la préparation du projet

	✓
S'assurer que tous les feux sont au vert • J'ai identifié le besoin auquel répond mon projet • J'ai rédigé, avec la direction et le client, un cahier des charges et mes responsabilités sont clairement définies dans mon ordre de mission. • J'ai vérifié que ma vision du projet correspond aux objectifs et aux valeurs de l'entreprise. • Je me suis assuré de la faisabilité du projet. • J'ai identifié les acteurs clés (internes et externes) du projet.	

	✓

Former une équipe de choc

- J'ai constitué mon équipe en prêtant une attention particulière aux compétences, motivations et disponibilités des salariés.

- J'ai fixé les règles de fonctionnement interne à mon groupe.

- J'ai impliqué mon équipe dans le projet dès la phase de préparation.

- J'ai planifié une rencontre entre les membres de mon équipe afin de favoriser la bonne entente.

- J'ai clarifié les responsabilités de chacun et fixé une hiérarchie.

Check-list de préparation de projet (suite)

	✓
Budgétiser son projet • J'ai évalué le coût de chaque tâche. • J'ai tenu compte des coûts directs et indirects. • Je me suis mis en contact avec le service financier de mon entreprise.	
Anticiper les risques • J'ai identifié, listé et hiérarchisé les risques encourus. • J'ai préparé un plan de gestion de ces risques.	
Évaluer son projet • J'ai précisé la manière d'évaluer chaque objectif. • J'ai mis en place un système d'évaluation à échéance régulière.	

	✓

Planifier le projet

- J'ai décomposé mon projet en livrables et j'ai identifié les tâches à accomplir.
- J'ai hiérarchisé ces tâches sous la forme d'un organigramme ou d'une liste.
- J'ai déterminé les ressources financières, humaines et matérielles nécessaires.
- J'ai estimé la durée de chaque activité.
- J'ai défini les interactions entre chaque tâche.
- J'ai construit mon diagramme réseau et mon échéancier.

	✓

Avant de se lancer dans la phase de réalisation

- J'ai fait valider mes plans et mes décisions par tous les acteurs de mon projet (client, direction, équipe, fournisseurs, partenaires).
- J'ai organisé une dernière réunion avec mon équipe pour récapituler le déroulement du projet.

Votre avis nous intéresse !
Laissez un commentaire sur le site de votre librairie en ligne et partagez vos coups de cœur sur les réseaux sociaux !

POUR ALLER PLUS LOIN

SOURCES BIBLIOGRAPHIQUES

- BRUCE (Andy) et LANGDON (Ken), *Développer un projet. 101 trucs et conseils*, Paris, Éditions Mango, 2001.

- DAVIDSON (Jeff), *Vous devez gérer un projet ?*, Paris, Village Mondial, 2001.

- MULLER (Jean-Louis G.), *Management de projet*, Paris, AFNOR, 2005.

- PORTNY (Stanley E.) et SAGE (Sandrine), *La gestion de projet pour les nuls*, Paris, Éditions First, 2011.

- VALLET (Gilles), *Réussir son management de projet*, Paris, Dunod, 2012.

SOURCES COMPLÉMENTAIRES

- BONNIN (Patrick) et BOUZDINE-CHAMEEVA (Tatiana), *Gérer un projet efficacement. Les 7 étapes-clés sans difficultés !*, Paris, AFNOR, 2012.

- BUTTRIC (Robert) et CHANSON (Guillaume), *Gestion de projets. Le guide exhaustif du management de projets*, 5e édition, Paris, Pearson, 2015.

- CAMBIE (Françoise), IMPE (Marc), LUNA (Éric) et MARLIER (Étienne), *Construire… et gérer son projet*, Bruxelles, STICS, 2007.

- CAYATTE (Ramez), *Bâtir une équipe performante et motivée*, Paris, Eyrolles-Éditions d'Organisation, 2007.

- DRECQ (Vincent), *Pratiques de management de projet. 40 outils et techniques pour prendre la bonne décision*, Paris, Dunod, 2014.

- GAREL (Gilles), *Le management de projet*, Paris, La Découverte, 2011.

- GRAY (Clifford F.) et LARSON (Erik W.), *Management de projet*, Paris, Dunod, 2014.

- *Guide du corpus des connaissances en management de projet*, (PMBOK Guide), 5e édition, Project Management Institute, Newton (États-Unis), 2013.

- HOCHET (Xavier), *Transformer l'entreprise. De la décision à l'action*, Paris, Odile Jacob, 2008.

- MESNARDS (Paul-Hubert des), *Réussir l'analyse des besoins*, Paris, Eyrolles-Éditions d'Organisation, 2007.

- NÉRÉ (Jean-Jacques), *Comment manager un projet ?*, Paris, Éditions Démos, 2012.

- NOCE (Tony) avec la collaboration de PARADOWSKI (Patrick) et MACCIO (Charles), *Animer, financer et communiquer votre projet*, Lyon, Chronique sociale, 2004.

- NOCE (Tony) et PARADOWSKI (Patrick), *Élaborer un projet. Guide stratégique*, Lyon, Chronique sociale, 2005.

- ROY (Etienne) et VERNEREY (Guy), *La conduite de projets complexes*, Paris, Éditions Maxima, 2010.

- SEVIN (Xavier), *De la gestion de portefeuille de projets à la gestion de projets. Du décisionnel à l'opérationnel*, Nantes, Éditions ENI, 2015.

- SOTIAUX (Yves), *Management d'équipe projet. Le chef de projet, un manager*, Le Mans, Gereso Éditions, 2008.

ISBN ebook : 978-2-8062-6506-7

ISBN papier : 978-2-8062-6507-4

Dépôt légal : D/2015/12603/238

Photo de couverture : © alphaspirit - Fotolia.com

Conception numérique : Primento, le partenaire numérique des éditeurs